Primeiro e segundo Mandamentos

(Mc 12,28-34)

Matthias Grenzer

Primeiro e segundo Mandamentos

(Mc 12,28-34)

Dados Internacionais de Catalogação na Publicação (CIP)
(Câmara Brasileira do Livro, SP, Brasil)

Grenzer, Matthias
Primeiro e segundo mandamentos : (Mc 12,28-34) / Matthias Grenzer. – São Paulo : Paulinas, 2008. – (Coleção perícope)

Bibliografia.
ISBN 978-85-356-2206-5

1. Bíblia. A. T. Pentateuco – Crítica e interpretação 2. Direito (Teologia) – Ensino Bíblico 3. Lei judaica I. Título. II. Série.

08-00175 CDD-222.106

Índice para catálogo sistemático:
1. Torá : Interpretação e crítica : Antigo Testamento 222.106

1ª edição – 2008
1ª reimpressão – 2025

Direção-geral: *Flávia Reginatto*
Editores responsáveis: *Matthias Grenzer*
Vera Ivanise Bombonatto
Copidesque: *Mônica Elaine G. S. da Costa*
Coordenação de revisão: *Marina Mendonça*
Revisão: *Jaci Dantas e Marina Siqueira*
Direção de arte: *Irma Cipriani*
Gerente de produção: *Felício Calegaro Neto*
Produção de arte: *Manuel Rebelato Miramontes*

Paulinas
Rua Dona Inácia Uchoa, 62
04110-020 – São Paulo – SP (Brasil)
(11) 2125-3500
editora@paulinas.com.br
Telemarketing e SAC: 0800-7010081

Dedico este estudo a minha avó
Margarete Grenzer († 1º.2.2007),
cujo amor por nós foi muito grande,
e a meu filho
Gabriel Abraham Farias Grenzer (* 3.12.2007),
a quem amamos grandemente.

Sumário

Introdução

Jesus de Nazaré pertencia ao povo judeu. Ou seja: "Sua autocompreensão religiosa, sua ancoragem social [...] e sua restrição geográfica" são ligadas à sociedade judaica nas terras de Israel, nas primeiras décadas do século I.[1]

Ao imaginar o cotidiano do povo judeu na época de Jesus, surge como elemento característico uma vida influenciada pela *Lei*. E isso vale para todos os grupos de judeus, inclusive Jesus. Por mais que existam interesses práticos e compreensões diferentes, é em torno da *Lei* que giram, em geral, as discussões.[2]

A *Lei* é, em primeiro lugar, a *Torá*, fixada por escrito nos cinco livros: Gênesis, Êxodo, Levítico, Números e Deuteronômio. Ao termo hebraico *Torá* – que significa, literalmente, *ensino* ou *instrução* –, são equivalentes as expressões *Pentateuco* – palavra grega que indica os *cinco rolos/livros* da Torá – e *Lei* (do Sinai) ou *Torá/Lei* de Moisés.[3] Em vista do conjunto da *Torá*, importa sublinhar o seguinte aspecto: "História e lei são, de forma indissolúvel, interligadas e constituem, juntamente, a primeira parte da Bíblia, a Torá de Moisés, o Pentateuco. Sem história

---

[1] Ekkehard W. STEGEMANN & Wolfgang STEGEMANN, **Urchristliche Sozialgeschichte**, p. 99.

[2] Cf. Ingo BROER, **Jesus und die Tora**, p. 222.

[3] Veja as explicações de Jean Louis SKA, **Introdução à leitura do Pentateuco**, pp. 15-17.

não há lei, não há Torá, pois os mandamentos de Javé na Torá encontram-se justificados pela história, ou seja, pelas ações salvíficas de Javé, especialmente pela salvação de Israel por Javé da escravidão no Egito e pela dádiva da terra".[4]

Neste sentido, basta lembrar o fato de a metade dos textos no Pentateuco ser narrativas que contam a história da salvação. A outra metade, por sua vez, é formada por tradições jurídicas, ou seja, leis.

O texto da *Torá* chegou a sua redação final no início do quarto século antes de Cristo.[5] Contudo, o processo de elaboração das tradições contidas no *Pentateuco* ocupou muitos séculos, sendo que o mundo narrado, ou seja, o contexto histórico pressuposto nas narrativas dos patriarcas e do êxodo, pertence aos séculos XIX a XII a.C.

No mais, observa-se, na parte das tradições jurídicas, a elaboração de vários conjuntos de leis durante os séculos X a V a.C., no sentido de que o *Pentateuco*, em sua forma final, ainda apresenta complexos processos legislativos, dos quais fizeram parte diversas reformas jurídicas.

Além disso, a *Torá* agregou a si mesma, com o tempo, os *Profetas* e os demais *Escritos*, que formam a segunda e terceira partes na Bíblia hebraica. Já em torno de 190 a.C., atesta-se a divisão das Sagradas Escrituras do povo judeu em três partes (cf. Eclo 38,34–39,1).

---

[4] Ansgar MOENIKES, **Der sozial-egalitäre Impetus der Bibel Jesu und das Liebesgebot als Quintessenz der Tora**, p. 120.

[5] Cf. Erich ZENGER, **Einleitung in das Alte Testament**, p. 128.

Contudo, *Profetas* e *Escritos* revelam-se como que centrados na *Torá*. Querem "manter em aberto o potencial de sentido" presente no *Pentateuco*, o qual ocupa o preeminente primeiro lugar.[6]

Com a *Torá* escrita, nasceu ainda na história do povo judeu a chamada *Torá* oral. Trata-se daquelas tradições que se propõem a interpretar a *Torá* escrita. Em sua época, Jesus participou de forma significativa desse processo. Afinal, "quem queria organizar toda a sua vida de acordo com a vontade de Deus, precisava ir, em muitas questões, além da vontade de Deus expressa na Escritura", por causa da necessária adaptação do conteúdo das antigas leis às novas circunstâncias.[7] No decorrer da história, a *Torá* oral também foi fixada por escrito.

Observando tais processos, nascem as seguintes questões: até que ponto Jesus se manteve fiel à *Lei* antiga? Ou será que adotou uma postura marcada pela oposição às tradições mosaicas, ensinadas pelos sacerdotes e escribas? Enfim, como Jesus compreendeu, de forma

[6] A mesma lógica vale também para a Bíblia cristã, a qual segue, na parte do Antigo Testamento, as antigas traduções da Bíblia hebraica para o grego e o latim, com a opção delas por uma subdivisão em quatro partes: *Pentateuco*, *Livros Históricos*, *Livros Sapienciais* e *Profetas*. O *Pentateuco* continua a ocupar a primeira posição. Tal realidade mantém-se quando o olhar recai sobre a Bíblia cristã como um todo, ou seja, o conjunto formado por Antigo e Novo Testamento. Enfim, todos os escritos bíblicos após o *Pentateuco* desenvolvem sua reflexão à luz deste último. Ou seja: a *Torá* possui uma "pré-posição constante" (Erich ZENGER, **Der Pentateuch als Tora und Kanon**, pp. 5-6).

[7] Ingo BROER, **Jesus und die Tora**, p. 221.

mais exata, o conjunto das tradições jurídicas contidas na *Torá*, comumente visto como patrimônio religioso-cultural de maior importância entre seu povo?

Em vista destas perguntas, proponho-me a interpretar, neste pequeno livro, a narrativa presente em Mc 12,28-34. Nela, Jesus é convidado a destacar, dentro da *Lei* de Israel, *o primeiro mandamento de todos*. Surge, a meu ver, uma resposta capaz de revelar o sentido de toda a *Lei* e, com isso, de toda a religião do Antigo Israel, assim como uma visão clara da fé do próprio Jesus.[8]

---

[8] O recurso gráfico da letra inclinada é reservado, de forma exclusiva, às citações bíblicas.

A pergunta do escriba

A cena em Mc 12,28-34 inicia-se com a notícia da *chegada de um escriba*. Logo a postura dele é descrita, a fim de introduzir a pergunta dirigida a Jesus por ele. Com a apresentação da nova personagem e do novo assunto, o evangelista marca, de forma clara, o começo de uma nova unidade literária.

28a *Aproximou-se um dos escribas*
28b *que escutou como eles discutiam.*
28c *Viu que lhes respondia bem*
28d *e perguntou-lhe:*
28e *"Qual é o primeiro mandamento de todos?"*

Já com a primeira frase, o narrador remete ao contexto literário-histórico. Ao dizer que o *escriba escutou como eles discutiam* (v. 28b) e que *viu que Jesus lhes respondia bem* (v. 28c), é pressuposto que o leitor tenha acompanhado as histórias anteriormente contadas. Mais ainda: na releitura do Evangelho, também o que é narrado em seguida quer influenciar a compreensão desta cena. Portanto, torna-se decisivo colocar-se a par do contexto literário e, com isso, da cronologia proposta, para entender a controvérsia entre *Jesus* e o *escriba*.

Conforme o Evangelho de Marcos, Jesus chega a *Jerusalém*, pela primeira vez, em sua última semana de vida. É aí, nesse momento, que o *ensino* de Jesus leva-o à morte. Por isso, os sete dias dessa semana, mais o dia seguinte, recebem grande destaque na obra literária do segundo Evangelho (veja Mc 11,1–16,8). Veja o seguinte esquema:

Primeiro dia = domingo (Mc 11,1-11):

Jesus *aproxima-se*, com seus *discípulos*, *de Jerusalém* (Mc 11,1) e *entra* na cidade como rei messiânico, *sentado num jumento*. Após ter *olhado tudo*, inclusive o *Templo*, Jesus *sai* da cidade, com os *Doze*, *para Betânia*, *no fim da tarde* (Mc 11,11).

Segundo dia = segunda-feira (Mc 11,12-19):

Novamente, Jesus chega acompanhado em *Jerusalém*, vindo de *Betânia*, e *entra no Templo* (Mc 11,15). Dessa vez *expulsa os vendedores e compradores do Templo*. Mais ainda: *derruba as mesas dos cambistas e as cadeiras dos vendedores de pombas*, querendo devolver o *Templo* a seu destino original: *casa de oração para todos os povos*.

O povo sente-se maravilhado com o ensino de Jesus. *Os chefes dos sacerdotes e escribas*, porém, *procuram um modo de fazê-lo perecer*. Contudo, ao *entardecer*, Jesus e seus discípulos *vão*, outra vez, *embora da cidade* (Mc 11,19).

Terceiro dia = terça-feira (Mc 11,20–13,37):

De manhã (Mc 11,20), Jesus, com *Pedro* e os outros, volta a *Jerusalém*. *Circulando no Templo* (Mc 11,27), ele é abordado pelos *chefes dos sacerdotes*, *escribas e anciãos*, a fim de explicar-se a respeito de seu suposto *poder*.

Contudo, a resposta de Jesus acaba na descrição das lideranças como *vinhateiros homicidas*.

Por enquanto, o *medo* dos líderes *da multidão* impede a prisão de Jesus. Todavia, eles enviam representantes de diversos grupos para provocar uma resposta política e religiosamente inoportuna de Jesus e, por consequência, poder acusá-lo. Dessa forma, *uns fariseus e partidários de Herodes* perguntam a Jesus sobre *o pagamento dos impostos a César*. *Alguns saduceus* questionam-no sobre *a ressurreição dos mortos*. E, por fim, *um escriba* interroga Jesus a respeito de sua compreensão da Lei, querendo saber qual seria *o primeiro mandamento entre todos*. Em todos os casos, Jesus *responde* de forma sábia. Mais ainda: propõe-se a recusar a reflexão dos *escribas* quanto ao *messias* e a advertir a *multidão* do comportamento negativo deles.

Enfim, a presença de Jesus no *Templo* encerra-se quando ele destaca, entre todas as pessoas ligadas ao santuário, *uma viúva pobre*. Observando a *oferta* dela, Jesus a descreve como exemplo de entrega total a Deus.

No final do terceiro dia de sua presença em *Jerusalém*, Jesus *vai embora do Templo*, sendo que sua saída é marcada pelo anúncio da destruição deste lugar (Mc 13,1-2). Além do mais, no *Monte das Oliveiras*, *sentado diante do Templo* que se encontra sobre o monte Sião, no outro lado do vale, Jesus avisa quatro de seus apóstolos sobre os acontecimentos finais.

Quarto dia = quarta-feira = *dois dias antes da Páscoa e dos Ázimos* (Mc 14,1-11):

Os chefes dos sacerdotes e escribas planejam *matar* Jesus antes da *festa*, para evitar *um tumulto* entre *o povo*. Jesus, por sua vez, é *ungido* e, com isso, preparado para seu enterro por *uma mulher* em *Betânia*. Em contrapartida, é traído por *Judas* perante os *chefes dos sacerdotes*. Nesse dia, Jesus não aparece em Jerusalém.

Quinto dia = quinta-feira = *o primeiro dia dos Ázimos, quando se imolava a Páscoa* (Mc 14,12-72):

É o dia da *preparação da ceia pascal*. À tarde, imola-se *o cordeiro* no Templo e, *à noite* (Mc 14,17), celebra-se a ceia pascal. Começa a festa da *Páscoa* e dos pães *ázimos*, a qual é comemorada durante oito dias. Contudo, para os judeus na Palestina, quando se iniciava a festa depois do pôr do sol, já começava um novo dia, que seria o sexto nesta contagem. O evangelista Marcos, porém, não segue esta idéia. Para ele, o quinto dia ultrapassa o momento do pôr do sol. É o quinto *dia* em que, no final da tarde, começa *o primeiro dia dos Ázimos* e em que, antes disso, foi *imolada a Páscoa*.

De certo, Jesus celebra sua última *ceia* nesse dia. Depois *sai* rumo ao *jardim de Getsêmani*, no *Monte das Oliveiras*. Ali é preso. Na mesma noite, é acusado diante do *sumo sacerdote*, estando presentes *todos os chefes dos sacerdotes, os anciãos e os escribas*. Sobretudo a resposta afirmativa de Jesus à pergunta de ele ser o *Cristo* e o

Filho do (Deus) *Bendito* é avaliada como *blasfêmia*, digna da pena de *morte*.

Sexto dia = sexta-feira = *Páscoa* (Mc 15,1-42):

Logo de manhã (Mc 15,1), Jesus é levado a *Pilatos*. Dessa vez, a acusação gira em torno da questão de *Jesus* ser o *rei dos judeus*. *Pilatos entrega* Jesus à morte na cruz. A crucificação acontece na *terceira hora*, ou seja, às nove horas da manhã. A partir da *sexta hora*, que é meio-dia, estabelece-se a *escuridão*, a qual demora até a *nona hora*, ou seja, às três horas da tarde, momento em que Jesus morre.

Logo depois, *no fim da tarde*, isto é, antes do pôr do sol – hora vista como início do novo dia em Jerusalém –, Jesus é *colocado no túmulo*, pois era a fase da *preparação antes do sábado*. Afinal, no *sábado*, dia de descanso, o trabalho de um enterro não é permitido (Mc 15,42).

Sábado:

O corpo de Jesus descansa no túmulo. O *sábado* fica sem ação no Evangelho.

Domingo = *Primeiro dia da semana* (Mc 16,1-8):

Após o sábado, *logo de madrugada*, *no primeiro dia da semana* (Mc 16,1-2), as mulheres recebem, no *túmulo*, a mensagem da *ressurreição* de Jesus. Com isso, inicia-se uma nova semana e um novo tempo.[1]

---

[1] Tendo em vista a contagem dos dias da última semana de Jesus, confira Ludger SCHENKE, **Das Markusevangelium**, pp. 255-257; 261-262; 301; 307; 316-317.

Ao observar a cronologia dessa última semana da vida de Jesus, percebe-se que o momento e o lugar conferem à pergunta feita pelo *escriba* (Mc 12,28) uma dramaticidade maior. Afinal, Jesus assumiu, com seu ensino, uma postura crítica em relação ao comportamento das lideranças ligadas à instituição do *Templo*.[2] Com isso, surgiram inimizades e hostilidades. Mais ainda: o conflito ficou marcado por acusações severas. Sendo assim, a vida de Jesus passou a correr risco.

Chegou o momento de olhar para os *escribas*. Afinal, é um deles que, em Mc 12,28-34, pergunta a Jesus sobre o *primeiro mandamento*. Por sua vez, o que representa um *escriba* na época de Jesus e como os *escribas* são apresentados no Evangelho de Marcos?

O ofício dos *escribas* acompanha a história do Antigo Oriente desde o terceiro milênio a.C. Todavia, não se trata de um grupo unificado. Pelo contrário, os *escribas* "desempenhavam muitas funções e tinham diferentes papéis e posições sociais ao longo do tempo e em lugares diversos".[3]

A palavra *escriba* é ligada à ideia da *escrita* ou da *letra*. Neste sentido, o *escriba* é alguém capacitado para ler e escrever, às vezes em diversas línguas. Portanto, trabalha com a elaboração dos mais diversos documentos escritos – cartas, tratados, contratos, certidões, re-

---

[2] A respeito da personagem ***multidão*** no Evangelho de Marcos, veja minhas explicações em Matthias GRENZER, **Multiplicação dos pães (Mc 6,30-44)**, pp. 16-18.

[3] Anthony SALDARINI, **Fariseus, escribas e saduceus na sociedade palestinense**, p. 251.

gistros administrativos, textos jurídicos, livros etc. – e pode oferecer seus serviços como funcionário público ou profissional independente. Ao pensar na época de Jesus, observa-se que "o sistema administrativo dos romanos amplificou o uso e o valor dado aos documentos escritos pelas pessoas comuns, o que, por sua vez, aumentou a posição social e o prestígio dos escribas em seu ambiente imediato".[4]

De acordo com o lugar de trabalho, a tarefa exercida e, por consequência, a responsabilidade assumida, um *escriba* tinha mais ou menos influência. Dessa forma, pode-se dizer que: "[...] o termo idiomático português mais próximo equivalente é 'secretário', que se refere a funções desde um digitador até o mais alto nível de assistente administrativo, a um oficial altamente responsável de uma organização ou corporação e, finalmente, a um oficial de gabinete, no mais alto nível governamental".[5]

Com isso, imagina-se também que "certos escribas em altas posições oficiais tinham uma reputação de sábios mestres e intelectuais, sendo familiarizados com livros, leis e, frequentemente, também com as ciências".[6]

No Evangelho de Marcos, os *escribas* aparecem vinte e uma vezes, que é três vezes sete (veja Mc 1,22; 2,6.16; 3,22; 7,1.5; 8,31; 9,11.14; 10,33; 11,18.27; 12,28.32.35.38; 14,1.43.53; 15,1.31). O número sete

[4] Christine SCHAMS, **Jewish Scribes in the Second-Temple Period**, p. 321.

[5] Anthony SALDARINI, **Fariseus, escribas e saduceus na sociedade palestinense**, p. 252.

[6] Christine SCHAMS, **Jewish Scribes in the Second-Temple Period**, p. 310.

serve, na literatura bíblica, como elemento estilístico, capaz de realçar determinada personagem ou um conceito importante.[7]

No entanto, Marcos não apresenta os diversos tipos de *escribas* que existiram na época de Jesus. Pelo contrário: seu interesse recai sobre determinado grupo e sob um aspecto específico. Ou seja: aparecem apenas os *escribas* formados no estudo das Sagradas Escrituras e nas demais tradições do povo judaico, os quais, por causa de seu conhecimento, se tornaram influentes nos diferentes grupos religiosos e na sociedade como um todo. Além disso, "a característica relevante, unificadora deles é a oposição a Jesus".[8] Veja agora alguns pormenores apresentados de forma sistemática, seguindo o texto do Evangelho de Marcos.

Os *escribas* são, em primeiro lugar, pessoas que *ensinam*, assim como Jesus. Mas *Jesus* é visto como quem *ensina com poder, e não como os escribas* (Mc 1,22). Não obstante, também os *escribas* defendem suas ideias religiosas, sobretudo a respeito do enviado por Deus. Dizem que, antes do *Filho do Homem*, *é preciso Elias vir primeiro* (Mc 9,11) e que *o messias é o filho de Davi* (Mc 12,35). Mais ainda: suas ideias tornam-se motivo de *discussão com os discípulos* de Jesus, a fim de estes se sentirem motivados a desistir de seu Mestre (Mc 9,14; veja também Mc 2,16).

---

7 A personagem ***multidão*** aparece trinta e cinco vezes no Evangelho de Marcos, que é cinco vezes sete.

8 Anthony SALDARINI, **Fariseus, escribas e saduceus na sociedade palestinense**, p. 275.

No mais, os *escribas* ganham expressão ao criticar, de forma direta, o ensino e o comportamento de Jesus. Dizem que ele, ao *perdoar os pecados* de um paralítico, *blasfema*, pois somente Deus poderia perdoar os pecados (Mc 2,6-7). Além disso, Jesus não deveria *comer com pecadores e cobradores de impostos* (Mc 2,16). Quando expulsa os demônios, acusam-no de *fazê-lo por Beelzebu, o príncipe dos demônios* (Mc 3,22). Os *escribas* estão também atentos quando Jesus, pelo que parece, permite a seus *discípulos comerem o pão com mãos impuras*, infringindo, dessa forma, *a tradição dos anciãos/antigos* (Mc 7,1-2.5). Mais tarde, ao *ouvirem* sobre a atuação de Jesus em *Jerusalém*, em especial a *expulsão dos vendedores e compradores do Templo* (Mc 11,15.18), os *escribas* perguntam-lhe sobre seu suposto *poder*, isto é, sua *autoridade* (Mc 11,27-28). Em outras palavras: para os *escribas*, Jesus está sem poder. Por isso, *caçoam dele*, dizendo ao crucificado: *A outros salvou, a si mesmo não consegue salvar. O Cristo, o rei de Israel: que desça agora da cruz para que vejamos e acreditemos* (Mc 15,31-32).

Em contrapartida, existem também severas críticas feitas por Jesus aos *escribas*. Veja, por exemplo, o caso de *honrar pai e mãe*. Jesus acusa os escribas *de abandonarem o mandamento de Deus.* Pois, ao *transmitirem* que o amor aos pais pode ser substituído pelo pagamento do *Corban, isto é, de uma oferta sagrada*, *apegam-se* apenas *à tradição dos homens*, *invalidando*, dessa forma, *a Palavra de Deus*, ou seja, aquilo que *Moisés disse* (Mc 7,6-13). Mais ainda: dentro de seu *ensino*, Jesus alerta a *multidão*, de forma expressa, sobre o comportamento dos *escribas*: aparentemente, *gostam de circular de roupa comprida, de serem cumprimentados nas praças, de ocupar os primeiros lugares nas sinagogas e os lugares de honra nas festas;* por outro lado, *engolem as casas das viúvas e fazem longas orações* (Mc 12,38-40).

Como consequência das críticas duras e proféticas, há o conflito violento. Jesus previu isso. Basta contemplar seus anúncios da paixão: os *escribas iriam rejeitá-lo* (Mc 8,31), *condená-lo* e *entregá-lo aos gentios,* a fim de ser morto (Mc 10,32-34). De fato, ao Jesus chegar a Jerusalém, os *escribas procuram um modo de matá-lo* (Mc 11,18; 14,1). Mais ainda: enviam *uma multidão*, com *Judas*, para *prendê-lo* (Mc 14,43). Depois, estão presentes quando Jesus é acusado na frente do *sumo sacerdote* (Mc 14,53). Por fim, ajudam a *julgá-lo réu de morte* (Mc 14,64), *a amarrá-lo e levá-lo a Pilatos* (Mc 15,1).

Contudo, os *escribas* não atuam sozinhos como opositores de Jesus. Enquanto contribuem na morte dele em *Jerusalém*, estão com os *chefes dos sacerdotes* (Mc 10,33; 11,18; 14,1; 15,31) ou com os *chefes dos sacerdotes* e os *anciãos* (Mc 8,31; 11,27; 14,43.53; 15,1). Antes disso, os *escribas* aparecem também com os *fariseus* (Mc 2,16; 7,1.5). Em outros casos, por sua vez, atuam sozinhos (Mc 2,6; 3,22) ou são tratados de forma isolada (Mc 12,38).

Resultado: no Evangelho de Marcos, em praticamente todas as cenas com participação dos *escribas*, estes se opõem a Jesus, seja ao ensino, seja às atitudes práticas dele. Nesse contexto, a controvérsia narrada em

Mc 12,28-34, de certa forma, surpreende o leitor. Pois nela parece nascer um relacionamento positivo entre *um dos escribas* (v. 28a) e *Jesus*. Todavia, é importante lembrar que, nesse momento, o grupo dos *escribas* já está *procurando* uma possibilidade de *matar Jesus* (Mc 11,18).

Não obstante, *um dos escribas vê que Jesus responde bem* (v. 28c), pois o *escutou discutir* com os outros (v. 28b). Não é necessário que o *escriba* seja da mesma opinião de Jesus, mas, ao menos, avalia suas *respostas* como marcantes e inteligentes (Mc 11,27-33; 12,1-12.13-17.18-27). De fato, as respostas de Jesus revelam uma sabedoria que, entre outras coisas, é resultado de uma maior familiarização com as tradições das Sagradas Escrituras de Israel e, seguindo tal ensino profético, de uma inabalável solidariedade com o povo sofrido. Ou seja: Jesus *é verdadeiro* e *não se importa com ninguém. Não considera os homens pela aparência, mas ensina, de verdade, o caminho de Deus* (Mc 12,14).

Por isso, o *escriba* pode confrontar Jesus com uma *pergunta* (v. 28d) de grande abrangência: *Qual é o primeiro mandamento de todos?* (v. 28e). Não se trata da ideia de Jesus resumir os *mandamentos* contidos na Torá ou de definir, com suas palavras, a soma ou o princípio da Lei.[9] Muito mais, deve escolher um determinado *mandamento* do conjunto de *todos*, aquele que para ele *é o primeiro.*

---

[9] Cf. Rudolf PESCH, **Das Markusevangelium**, p. 238.

A resposta de Jesus

Jesus aceita o desafio proposto pelo *escriba*. *Responde* (v. 29a), mas também surpreende, pois não apresenta apenas um único *mandamento*.

29a *Respondeu Jesus:*
29b *"O primeiro é:*
29c *Escuta, ó Israel,*
29d *o Senhor, nosso Deus, é o único Senhor.*
30a *Amarás o Senhor, teu Deus,*
com todo teu coração,
com toda tua alma,
com todo teu pensamento
e com toda tua força.
31a *O segundo é este:*
31b *Amarás teu próximo como a ti mesmo.*
31c *Não existe outro mandamento*
maior do que estes".

O discurso é bem estruturado. De forma direta, Jesus lembra dois *mandamentos* da Torá: um *primeiro* (v. 29b) e um *segundo* (v. 31a). No final, une os dois *mandamentos* através de um comentário: *Não existe outro mandamento maior do que estes* (v. 31c). Em outras palavras: *estes* dois *mandamentos*, comparados a todos os outros, têm a mesma qualidade. São insuperáveis. Isso, por sua vez, significa também que, comparados entre si, existe um "antes" e "depois", mas não um "maior" e "menor". Afinal, o *primeiro* e *segundo mandamentos* gozam da mesma insuperabilidade.

Entrementes, fica visível que a contagem, a junção dos dois *mandamentos* e a comparação deles aos *outros mandamentos* ajudam na memorização desta tradição. Isso, de certo, é um dos objetivos do evangelista: seu texto quer ser catequético, no sentido de o leitor poder lembrar-se, com facilidade, daquilo que Jesus se propôs a ensinar.

E o conteúdo? Jesus apresenta como *primeiro mandamento* as palavras de Dt 6,4-5. Estas começam com uma confissão de fé: *Escuta, ó Israel, o Senhor, nosso Deus, é o único Senhor* (v. 29c.d).

O evangelista Marcos, no século I d.C., escreve em grego. O livro do Deuteronômio, porém, foi escrito em hebraico. Uma tradução bem literal da versão hebraica de Dt 6,4, composta, provavelmente, no século VIII/VII a.C., é: *Escuta, ó Israel, Javé, nosso Deus, Javé é único*. Ao imaginar que esta afirmação tenha nascido em um contexto politeísta (veja Dt 6,14: *Não seguireis outros deuses, qualquer um dos deuses dos povos que estão ao vosso redor*), a palavra *único*, originalmente, não se refere a uma ideia monoteísta sobre *Javé*. Ou seja: naquela época, a palavra *único* ainda não pretendia dizer que, além de *Javé*, não existissem *outros deuses*. Além do mais, "*único* é um termo da linguagem do amor (cf. Ct 6,8-9). Neste sentido, Dt 6,4-5 proclama, dentro de uma relação amorosa, a reivindicação de exclusividade por parte de Javé".[1] Em outras palavras: para Israel, *Javé* quer ser *único* ou *um só*. Israel deve dizer: *Javé, nosso Deus*. E isso como fruto daquele *amor* com o qual *Javé amou* seu povo primeiramente (veja Dt 4,37; 7,7-8; 10,15).

No entanto, o evangelista Marcos cita Dt 6,4 de acordo com a frase na tradução grega da Bíblia hebraica. Afinal, o Pentateuco já tinha sido traduzido no século III a.C. Logo se percebe que o nome do *Deus* de *Israel* (*Javé*) é substituído pelo apelativo *Senhor* (em grego: *kyrios*). Além disso, a tradução grega da frase em Dt 6,4 insiste na ideia monoteísta: *Escuta, ó Israel, o Senhor, nosso Deus, é o único Senhor.* O próprio livro do Deuteronômio – sobretudo em suas camadas mais jovens – chega a promover a ideia de que, além de *Javé*, não existem outros deuses (veja Dt 4,35: *Javé, ele é Deus. Não há outro além dele*; confira também Dt 4,39). Enfim, as duas compreensões de Dt 6,4 se completam. Primeiro, Israel foi convidado a viver sua história com *Javé* como um relacionamento *amoroso* que exige exclusividade. Depois, porém, pôde compreender que *além* de *Javé*, *único* para *Israel*, *não existem outros deuses*.

No contexto da resposta de *Jesus* ao *escriba*, por sua vez, é importante ver o seguinte: ao citar Dt 6,4, "Jesus (e com ele, autor e leitor de Mc 12,28-34) conserva a ideia do monoteísmo".[2] Além disso, porém, surge a ideia

---

1 Georg BRAULIK, **Deuteronomium**, p. 56.

2 Ludger SCHENKE, **Das Markusevangelium**, p. 276.

da necessidade de uma relação com *Deus* que é marcada pela exclusividade e pelo compromisso total. Pois somente quem se lembra do *amor* do *Senhor* por seu povo e, por consequência, responde a tal *amor* com uma paixão que deixa ser *Javé* o *único* soberano vai se interessar pelos *mandamentos* dele. Ou também, em outras palavras: a obediência aos *mandamentos* do *único Senhor* somente funciona quando é fruto de uma relação amorosa.

Um último detalhe: Dt 6,4 prevê uma relação entre o *Deus Javé* e *Israel*. Ou seja: tem-se uma visão comunitária, e não individualista. Neste sentido, é certo dizer que o texto "se dirige ao homem como membro de uma comunidade de fé (*Escuta, ó Israel*) e que o mandamento do amor visa a uma ética sociorreligiosa, e não individual".[3]

Após ter lembrado a frase introdutória de Dt 6,4, Jesus cita Dt 6,5. Com isso, apresenta o *mandamento* que, para ele, *é o primeiro* (v. 29b): *Amarás o Senhor, teu Deus, com todo teu coração, com toda tua alma, com todo teu pensamento e com toda tua força* (v. 30a). Comparado ao texto hebraico de Dt 6,5, há, porém, um acréscimo, pois o elemento *com todo teu pensamento* não se encontra no original, nem na tradução grega da Bíblia hebraica.

Contudo, o que significa *amar a Deus* com *coração*, *alma*, *pensamento* e *força*? "O *coração* é, acima de tudo, o lugar da razão e do entendimento, dos planos secre-

---

[3] Rudolf PESCH, **Das Markusevangelium**, p. 240.

tos, da reflexão e da decisão. Segundo Dt 29,3, a pessoa tem *olhos para ver, ouvidos para ouvir e um coração para entender*".[4] Portanto, a ideia de *amar a Deus com todo o coração* indica um relacionamento que inclui aquilo que a pessoa é capaz de pensar, mas também de planejar e decidir. Pois, na reflexão antropológica da cultura hebraica, "a passagem das funções compreensivas às ações da vontade são fluentes".[5]

Quando o texto do Evangelho acrescenta ao paralelismo tríplice de Dt 6,5 a expressão *com todo teu pensamento*, de certa forma, realça, outra vez, o que a formulação *com todo teu coração* já diz de forma metafórica. Ou seja: sublinha-se "a racionalidade do amor a Deus, o uso positivo (e talvez também crítico) das forças racionais do coração".[6]

O termo *alma* exige, ainda com mais urgência, um mergulho na cultura hebraica de Jesus. Pois "onde o hebreu usa uma única palavra, nós precisamos palavras bem diferentes".[7] Primeiro, a palavra hebraica lembra *garganta* e, com isso, *respiração*, *alento* e *fôlego*. Disso se deduzem os significados *vida*, *pessoa*, *indivíduo* e *ser*, pois quem respira é um *ser* vivo. Além disso, a imagem da *garganta* ilustra ou traz a ideia do *desejo*. Portanto, é o contexto literário que decide sobre o significado da palavra *alma*

---

[4] Silvia SCHROER & Thomas STAUBLI, **Simbolismo do corpo na Bíblia**, p. 62.

[5] Hans Walter WOLFF, **Anthropologie des Alten Testaments**, p. 84.

[6] Rudolf PESCH, **Das Markusevangelium**, p. 240.

[7] Hans Walter WOLFF, **Anthropologie des Alten Testaments**, p. 26.

em hebraico. No caso de Dt 6,5, tem sentido de *amar a Deus com toda tua vida* ou com *todos teus desejos*; enfim, *com toda tua alma*.

Falta o último elemento: *Amarás o Senhor, teu Deus, com toda tua força*. A *força* "indica todos os recursos da existência humana, [...] inclusive os meios e propriedades que estão à disposição da pessoa".[8]

Resumindo: a proposta de Dt 6,5 insiste em um *amor a Deus* que envolve *todas* as dimensões da pessoa, ou seja, *coração*, *alma*, *pensamento* e *força*. Mais ainda: Jesus repete esta exigência fundamental da religião israelita na praça do Templo, onde existe, facilmente, o perigo de reduzir o *amor a Deus* à esfera do culto. Ou, pior ainda: lugar onde os maiores representantes da religião, de repente, cultivam ódios e inimizades, querendo *matar* a quem procura, de forma profética, a verdade.

O detalhe mais surpreendente, porém, vem agora. *Jesus*, após ter apresentado o *mandamento* que, para ele, *é o primeiro* (v. 29b), não se contenta com a menção de Dt 6,4-5. Acha necessário lembrar uma outra lei da Torá, ou seja, um *segundo mandamento* (v. 31a): *Amarás teu próximo como a ti mesmo* (v. 31b). Trata-se da formulação jurídica presente em Lv 19,18c. A conexão entre as duas leis de Dt 6,5 e Lv 19,18c nasce, da forma mais imediata, a partir de um paralelismo, pois, nos dois casos, o legislador inicia com a palavra: *Amarás*! (vv. 30a.31b).

---

[8] Rudolf PESCH, **Das Markusevangelium**, p. 240. O autor lembra que a "Regra da Comunidade" de Qumran traz a palavra *forças* junto ao termo *riquezas* (1QS I,11-12). Veja o texto em Florentino GARCÍA MARTÍNEZ, **Textos de Qumran**, p. 46.

Aliás, somente cinco *mandamentos*, em todo o Pentateuco, trabalham a parte da prescrição com o verbo *amar*:

Dt 6,5:	*Amarás Javé, teu Deus, com todo teu coração, com toda tua alma e com toda tua força.*
Dt 11,1:	*Amarás Javé, teu Deus.*
Lv 19,18c:	*Amarás teu próximo como a ti mesmo.*
Lv 19,34:	*O imigrante que está convosco: amá-lo-ás como a ti mesmo.*
Dt 10,19:	*Amareis o imigrante.*

Estes paralelismos tornam-se importantes para a compreensão do *mandamento* sobre *o amor ao próximo*, pois fica mais claro através deles quem é o *próximo* visado na formulação jurídica de Lv 19,18c.

Em princípio, o *próximo* é qualquer pessoa que vive na mesma terra, seja este um *filho do* mesmo *povo* (Lv 19,18b), seja um dos *imigrantes*. Ambos devem ser *amados*. O *imigrante*, por sua vez, representa nas tradições bíblicas, de forma simbólica, os pobres. Pois, por causa de sua situação mais vulnerável, longe de sua terra de origem, o *imigrante* enfrenta, muitas vezes, o perigo de ser explorado e oprimido. Basta lembrar a história de *Abraão* ou o destino dos *hebreus no Egito*.[9]

[9] Veja Matthias GRENZER, **Imigrante abençoado (Gn 11,27–12,9)**.

No entanto, onde há opressão, exploração e miséria, o *Deus* de Israel torna-se solidário com o necessitado. Afinal, *Javé é quem faz justiça ao órfão e à viúva e quem ama o imigrante, a fim de dar-lhe pão e cobertor* (Dt 10,18). Fica até bem claro nesta afirmação que o *amor ao próximo* "inclui a satisfação das necessidades mais elementares da vida dele, o aprovisionamento com alimentos e vestimentas".[10] Tal é o comportamento de *Javé*, que o povo de Deus é convidado a imitar: *Amareis o imigrante, pois fostes imigrantes na terra do Egito* (Dt 10,19). Ou seja: o que *Javé* lhes fez no meio da miséria, façam-no também vocês aos outros.

Enfim, faz sentido identificar o *próximo* a ser *amado* com quem mais necessita de ajuda. Pois, para *amar* os amigos que estão bem de vida, não é preciso um apelo do legislador. Ao contrário, porém, o *amor ao próximo* mais necessitado precisa de motivação, sobretudo quando esta atitude deve prevalecer em todas as situações, até no caso da existência de inimizades e ódios. Basta observar o contexto imediato da formulação do *mandamento* na Torá: *Não te vingarás* (Lv 19,18a) *e não serás rancoroso com os filhos de teu povo* (Lv 19,18b), *mas amarás teu próximo como a ti mesmo* (Lv 19,18c). *Eu sou Javé* (Lv 19,18d).

É visível como o *mandamento* do *amar ao próximo* estabelece uma proposta alternativa (veja o uso da conjunção adversativa *mas*). No lugar de cultivar estruturas cheias de lealdades criminosas e redes de cumplicidades

---

[10] Ansgar MOENIKES, **Der sozial-egalitäre Impetus der Bibel Jesu und das Liebesgebot als Quintessenz der Tora**, p. 160.

nada éticas, as quais, em muitos casos, impedem a ajuda humanitária, a lei de Lv 19,18c insiste na construção de uma sociedade solidária. A prática de *amar o próximo como a si mesmo*, fazendo das próprias necessidades a medida para a ajuda ao outro, deve estar acima de tudo.[11]

Enfim, ao juntar os dois *mandamentos do amor ao Deus Javé* (Dt 6,4-5) e do *amor ao próximo* (Lv 19,18c), *Jesus* realça as dimensões sociais da religião do antigo Israel. Mais ainda: afirma que justamente nesta dinâmica se encontra o auge da fé do povo de Deus. Ou seja: é o item que deveria unir as pessoas religiosamente interessadas, pois *não existe outro mandamento maior do que estes* (v. 31c).

[11] Veja Matthias GRENZER, **Junto ao inimigo (Ex 23,1-8)**.

A réplica do escriba

O diálogo entre o *escriba* e *Jesus* continua de forma positiva:

32a	*Disse-lhe o escriba:*
32b	*"Bem, mestre,*
	de acordo com a verdade disseste:
32c	*é único.*
32d	*Não existe outro exceto ele.*
33a	*E amá-lo com todo o coração,*
	com toda a compreensão
	e com toda a força,
	e amar o próximo como a si mesmo,
	é ainda mais do que todos os holocaustos
	e sacrifícios".

O *escriba* reconhece a qualidade da *resposta* de *Jesus*. Já o início de sua fala deixa perceber isso. Afirma que Jesus respondeu *bem* (v. 32b). Por isso, chama-o de *mestre*, pois os *ditos* dele estão *de acordo com a verdade* (v. 32b).[1]

---

[1] No texto grego do Evangelho, a palavra aqui traduzida por ***mestre*** diz literalmente ***aquele que ensina***. No total, Marcos chama ***Jesus*** de ***mestre*** por doze vezes (cf. Mc 4,38; 5,35; 9,17.38; 10,17.20.35; 12,14.19.32; 13,1; 14,14). Por quinze vezes, Jesus ***ensina*** (Mc 1,21.22; 2,13; 4,1.2; 6,2.6.34; 8,31; 9,31; 10,1; 11,17; 12,14.35; 14,49). E por cinco vezes vê-se o ***ensino*** de Jesus (Mc 1,22.27; 4,2; 11,18; 12,38). Outras duas vezes, o mesmo termo aparece quando Marcos fala do ***ensino ensinado***

Além disso, o *escriba* confirma a visão de Jesus, citando, outra vez, os *mandamentos* já mencionados por este último. Contudo, ao repetir, acrescenta novos elementos.

Tudo recomeça com a colocação de Dt 6,4. Ou seja: também o *escriba* não duvida de que *Javé*, o Deus de Israel, *é único*, ou que *é um só* (v. 32c).

Nesse momento, porém, o *escriba* mostra também seu conhecimento da Torá, pois, com uma outra frase tirada dela, confirma o que é dito em Dt 6,4: *Não existe outro exceto ele* (v. 32d). Assim fala Ex 8,6, quando o texto hebraico diz: *Não há como Javé, nosso Deus*. A tradução grega do século III a.C. traz esta frase como: *Não há outro exceto o Senhor*. Enquanto o texto hebraico "acentua o poder incomparável de Javé, a tradução grega realça a unicidade dele".[2] A mesma verdade afirma ainda Dt 4,35, em que o texto hebraico diz: *Javé, ele é Deus, não existe mais exceto ele.* Uma das versões da antiga tradução grega apresenta Dt 4,35 exatamente com as mesmas palavras que o *escriba* usa no Evangelho de Marcos: *Não existe outro exceto ele.*

O *escriba* segue, em sua réplica a Jesus, com a menção de Dt 6,5: [...] *e amá-lo com todo o coração, com toda a compreensão e com toda a força* (v. 33a). Entretan-

---

pelos fariseus e escribas (Mc 7,7), e uma vez os apóstolos ***ensinam*** (Mc 6,30). Surpreende, novamente, o uso do elemento estilístico do número "sete", pois é por trinta e cinco vezes (cinco vezes sete) que o Evangelho de Marcos apresenta a temática do ***ensino***.

[2] Rudolf PESCH, **Das Markusevangelium**, p. 242.

to, os quatro elementos da fala de Jesus – *coração*, *alma*, *pensamento*, *força* (v. 30a) – são reduzidos agora a três, sendo que o termo *compreensão* substitui os conceitos *alma* e *pensamento*.

Depois disso, acontece o passo mais importante. Ao acrescentar a Dt 6,5, assim como seu interlocutor, o *mandamento* de Lv 19,18c, o *escriba* revela realmente sintonia com *Jesus*. Há concordância entre os dois a respeito da lógica interna proposta: o *amor ao Deus Javé* traz consigo, de forma intrínseca, o impulso de *amar o próximo como a si mesmo* (v. 33a).

E, mais uma vez, o *escriba* sente-se à vontade para mostrar seu amplo conhecimento das Sagradas Escrituras. Ao consultar as tradições proféticas, completa o raciocínio apresentado por Jesus. Afirma que *amar Deus e amar o próximo é ainda mais do que todos os holocaustos e sacrifícios* (v. 33a).

É bom lembrar que o *escriba* chega a esta avaliação na praça do Templo, em Jerusalém, lugar exclusivo para a celebração de *holocaustos* e *sacrifícios*. Afinal, "para o antigo israelita um culto sem sacrifícios é inconcebível"; no entanto, também é verdade que, "acerca deste ponto, os profetas desencadearam uma das suas batalhas mais duras".[3] Basta lembrar como o profeta Oseias, no século VIII a.C., descreve a vontade do Deus Javé: *Realmente, gosto de lealdade* (*bondade, solidariedade*) *e não de sacrifício, conhecimento de Deus antes de holocaustos* (Os 6,6;

[3] José Luís SICRE, **Profetismo em Israel**, p. 403.

veja também 1Sm 15,22; Is 1,11.16-17; Sl 40,7; 51,18-19; Pr 21,3).

O *escriba* fala simplesmente de um *mais*. Assim o texto recebe, além das repetições, outro elemento que serve à memorização do *ensino* de Jesus e, com isso, ao interesse catequético do Evangelho. Ou seja: *amar Deus* e *amar o próximo* são o *primeiro* (v. 29b) e *segundo* (v. 31a) *mandamentos*. Isso significa: *Não existe outro mandamento maior do que estes* (v. 31c). Pelo contrário: seguir estes *mandamentos* vale *ainda mais do que todos* (v. 33a) os outros gestos religiosos.

A tréplica de Jesus

A última fala direta pertence a Jesus. Entretanto, assim como o narrador acompanhou, com seus comentários, a pergunta inicial do *escriba* (veja v. 28a.b.c), o faz também com a palavra final de *Jesus* (v. 34a.c).

34a	*Ao ver que respondeu de forma pensada,* *Jesus disse-lhe:*
34b	*"Não estás longe do Reino de Deus".*
34c	*E ninguém mais ousava perguntar-lhe.*

Jesus *vê* que o *escriba* concorda com ele a respeito da centralidade dos *mandamentos* sobre o *amor a Deus* e o *amor ao próximo*. O fato de o *escriba* ter repetido as tradições de Dt 6,4-5 e Lv 19,18c e acrescentado, *de forma pensada* (v. 34a), outras citações das Sagradas Escrituras, as quais apontam para a mesma direção, enriqueceu o diálogo. Ao menos na teoria, não há divergências entre os dois interlocutores.

Mais ainda: a boa compreensão da Torá parece ser o motivo de Jesus avaliar positivamente o *escriba*. Assim, diz que seu interlocutor *não está longe do Reino de Deus* (v. 34b). Afinal, compreendeu que o cultivo do *amor a Javé* e, com isso, do respeito à mais absoluta soberania dele, garante que as pessoas cheguem a adotar uma postura marcada pelo *amor ao próximo*, sobretudo ao *próximo* mais sofrido. E é dessa forma que o *Reino de Deus* pode aproximar-se, pois se trata de um *reinado* em favor dos oprimidos da terra.

Por outro lado, a ideia da *não longevidade* parece indicar também que o *escriba* ainda não adentrou no *Reino de Deus*. O que estaria faltando? Será que Jesus quer dizer ao *escriba* que "a ortodoxia não basta", mas "que ela deve ser acompanhada pela prática da justiça com o próximo", ou seja, pela ortopráxis?[1] Em todo caso, as críticas duras ao comportamento dos *escribas,* promovidas por Jesus logo em seguida (veja Mc 12,38-40), parecem apontar nesta direção.

Antes das críticas, porém, surge ainda um outro assunto, o qual, na visão do Evangelho de Marcos, tem a maior importância para a questão da entrada no *Reino de Deus*. Trata-se do reconhecimento do *messias* e das origens divinas dele (veja Mc 12,35-37). Ou seja: segundo o Evangelho, Jesus é o *ungido* por Deus – em hebraico, o *messias*; em grego, o *cristo* –, aquele que anuncia *a chegada do Reino de Deus* (Mc 1,14-15). Em outras palavras: o *Reino de Deus* é ligado à pessoa de *Jesus*, ou seja, a quem veio de Deus. Neste sentido, os *escribas* não dividem a mesma opinião.

O narrador encerra a narrativa com a notícia de que *ninguém mais ousava perguntar-lhe* (v. 34c). De fato, a série das controvérsias na praça do Templo de Jerusalém chega agora a seu fim (veja Mc 11,27–12,12; 12,13-17.18-27.28-34). Jesus respondeu as perguntas críticas, feitas

[1] Ched MYERS, **O Evangelho de São Marcos**, p. 380.

pelos representantes de diversos grupos de liderança. Revelou seu conhecimento da *Torá*, sua sabedoria e, sobretudo, sua autenticidade profética. Enfim, os outros se calaram, sem coragem de *perguntar-lhe* mais. Contudo, trata-se de um silêncio perigoso

Conclusão

No caso da discussão com o *escriba* sobre *o primeiro mandamento* (Mc 12,28-34), em momento algum Jesus opõe-se às leis contidas na *Torá*. Pelo contrário, valoriza as antigas tradições jurídicas de seu povo como fundamento de sua própria reflexão religiosa.

Neste sentido, Jesus começa a confessar sua fé de acordo com Dt 6,4: *o Senhor, nosso Deus* – ou seja: *Javé*, o Deus do povo de Israel – *é o único senhor* ou *é um só senhor*. Com isso, insiste na exclusividade do senhorio deste Deus, pois se trata, conforme a história experimentada por Israel, do *único* poder capaz de salvar o povo. Todavia, é necessário que a comunidade *escute* tal verdade sempre, inclusive os *escribas*. Pois dividir o respeito por este *Deus* traria consigo o perigo de diminuir a atenção para o reinado dele. Com isso, no entanto, aumentaria a possibilidade de um ressurgimento das estruturas opressivas, no lugar das experiências libertadoras dos oprimidos.

Por isso, *Jesus* favorece de novo, em sintonia com a antiga lei de Dt 6,5, um *amor* total *a* este *Deus*, aproveitando tudo o que a pessoa é capaz de pensar, decidir, viver, desejar e obter. Enfim, a proposta é fazer do *amor a Deus* uma dinâmica fundamental da vida, a fim de conquistar, pelo *Deus Javé*, uma liberdade duradoura.

Entretanto, *Jesus* acha importante destacar ainda uma segunda dinâmica, que nasce, de forma direta, da primeira. Trata-se da seguinte ideia: quem *ama o Deus*

Javé (Dt 6,5) descobrirá também a verdade daquela lei que exige *amar o próximo como a si mesmo* (Lv 19,18c), e isso também nos casos em que o *próximo* é um inimigo ou pobre.

Enfim, as duas *leis* ou dinâmicas propostas pela *Torá* podem ser vividas apenas como uma única realidade, pois "o primeiro mandamento somente pode ser observado ao se cumprir o segundo; por outro lado, o cumprimento do segundo somente é possível a partir do primeiro".[1] Esta lógica interna, criada a partir da junção de dois *mandamentos* da Torá (Dt 6,4-5 e Lv 19,18c), constitui, de fato, o fator surpreendente na resposta de *Jesus* ao *escriba*.

Resta apontar, outra vez, para a sintonia entre os debatedores. Por mais que o *escriba* e *Jesus* pertençam a grupos diferentes, é possível nascer uma relação positiva entre os dois, caso entrem num diálogo respeitoso sobre os *mandamentos* de Deus. Fundamental é que haja, em ambas as partes, a disposição de aproximar-se daquilo que é realmente *maior*.

---

1 Ludger SCHENKE, **Das Markusevangelium**, p. 277.

Bibliografia

BRAULIK, Georg. **Deuteronomium 1-16,17**. Würzburg, Echter, 1986. (Die Neue Echter Bibel. Kommentar zum Alten Testament mit Einheitsübersetzung.)

BROER, Ingo. **Jesus und die Tora**. In: SCHENKE, Ludger et al. **Jesus von Nazaret – Spuren und Konturen**. Stuttgart, Kohlhammer, 2004. pp. 216-254.

DAUTZENBERG, Gerhard. **Jesus und die Tora**. In: ZENGER, Erich. **Die Tora als Kanon für Juden und Christen**. Freiburg, Herder, 1996. pp. 345-378. (Herders Biblische Studien, 10).

GARCÍA MARTÍNEZ, Florentino. **Textos de Qumran. Edição fiel e completa dos Documentos do Mar Morto.** Petrópolis, Vozes, 1994.

GRENZER, Matthias. **Imigrante abençoado (Gn 11,27–12,9).** In: DÉCIO PASSOS, João & LIGÓRIO SOARES, Afonso Maria (orgs.). **Doutrina social e universidade. O cristianismo desafiado a construir cidadania.** São Paulo, Paulinas, 2007. pp. 139-153.

______. **Junto ao inimigo (Ex 23,1-8).** In: **O projeto do êxodo**. 2. ed. São Paulo, Paulinas, 2007. (Bíblia e História).

______. **Multiplicação dos pães (Mc 6,30-44).** 2. ed. São Paulo, Paulinas, 2007. (Perícope).

MOENIKES, Ansgar. **Der sozial-egalitäre Impetus der Bibel Jesu und das Liebesgebot als Quintessenz der Tora**. Würzburg, Echter, 2007.

MYERS, Ched. **O Evangelho de São Marcos**. São Paulo, Paulus, 1992. (Grande Comentário Bíblico).

PESCH, Rudolf. **Das Markusevangelium. 2. Teil. Kommentar zu Kap. 8,27–16,20.** 3. ed. Freiburg, Herder, 1984. (Herders Theologischer Kommentar zum Neuen Testament).

SALDARINI, Anthony. **Fariseus, escribas e saduceus na sociedade palestinense. Uma abordagem sociológica.** São Paulo, Paulinas, 2005. (Bíblia e História – Série Maior).

SCHAMS, Christine. **Jewish Scribes in the Second-Temple Period**. Sheffield, Academic Press, 1998. (Journal for the Study of the Old Testament, 291).

SCHENKE, Ludger. **Das Markusevangelium. Literarische Eigenart – Text und Kommentierung.** Stuttgart, Kohlhammer, 2005.

SCHROER, Silvia & STAUBLI, Thomas. **Simbolismo do corpo na Bíblia**. São Paulo, Paulinas, 2003. (Bíblia e História).

SICRÉ, José Luís. **Profetismo em Israel. O profeta. Os profetas. A mensagem.** Petrópolis, Vozes, 1996.

SKA, Jean Louis. **Introdução à leitura do Pentateuco. Chaves para a interpretação dos cinco primeiros livros da Bíblia.** São Paulo, Loyola, 2003. (Bíblica Loyola, 37).

STEGEMANN, Ekkehard W. & STEGEMANN, Wolfgang. **Urchristliche Sozialgeschichte. Die Anfänge im Judentum und die Christusgemeinden in der mediterranen Welt**. 2. ed. Stuttgart, Kohlhammer, 1997. [Ed. bras.: **História social do protocristianismo. Os primórdios no judaísmo e as comunidades de Cristo no mundo mediterrâneo.** São Paulo, Paulus, 2004.]

STEMBERGER, Günter. **Zum Verständnis der Tora im rabbinischen Judentum**. In: ZENGER, Erich. **Die Tora als Kanon für Juden und Christen**. Freiburg, Herder, 1996. pp. 329-343. (Herders Biblische Studien, 10).

WOLFF, Hans Walter. **Anthropologie des Alten Testaments**. 5. ed. München, Kaiser, 1990.

ZENGER, Erich. **Der Pentateuch als Tora und als Kanon.** In: ZENGER, Erich. **Die Tora als Kanon für Juden und Christen**. Freiburg, Herder, 1996. pp. 5-34. (Herders Biblische Studien, 10).

ZENGER, Erich et al. **Einleitung in das Alte Testament**. 6. ed. Stuttgart, Kohlhammer, 2006.

Rua Dona Inácia Uchoa, 62
04110-020 – São Paulo – SP (Brasil)
Tel.: (11) 2125-3500
paulinas.com.br – editora@paulinas.com.br
Telemarketing e SAC: 0800-7010081